BEI GRIN MACHT SICH IHR WISSEN BEZAHLT

- Wir veröffentlichen Ihre Hausarbeit,
  Bachelor- und Masterarbeit

- Ihr eigenes eBook und Buch -
  weltweit in allen wichtigen Shops

- Verdienen Sie an jedem Verkauf

Jetzt bei www.GRIN.com hochladen
und kostenlos publizieren

Bibliografische Information der Deutschen Nationalbibliothek:

Die Deutsche Bibliothek verzeichnet diese Publikation in der Deutschen National-bibliografie; detaillierte bibliografische Daten sind im Internet über http://dnb.d-nb.de/ abrufbar.

Impressum:

Copyright © 2017 GRIN Verlag
Druck und Bindung: Books on Demand GmbH, Norderstedt Germany
ISBN: 9783668923959

Dieses Buch bei GRIN:

https://www.grin.com/document/463050

Julian Willner

Die Bedeutung der Faszienbehandlung in der Sport- und Schmerztherapie

GRIN Verlag

GRIN - Your knowledge has value

Der GRIN Verlag publiziert seit 1998 wissenschaftliche Arbeiten von Studenten, Hochschullehrern und anderen Akademikern als eBook und gedrucktes Buch. Die Verlagswebsite www.grin.com ist die ideale Plattform zur Veröffentlichung von Hausarbeiten, Abschlussarbeiten, wissenschaftlichen Aufsätzen, Dissertationen und Fachbüchern.

Besuchen Sie uns im Internet:

http://www.grin.com/

http://www.facebook.com/grincom

http://www.twitter.com/grin_com

Inhaltsverzeichnis

1. Einleitung

Wagen wir einen Blick zurück in die Zeit vor der Technisierung. Damals gab es Bauern, die verschiedene Tätigkeiten mit sehr abwechslungsreichen Bewegungsabläufen ausübten. Bedingt durch das Tageslicht und die unterschiedlichen Witterungsverhältnisse entstand in der Regel ein gesundes Verhältnis zwischen körperlicher Belastung und hinreichenden Ruhephasen zur Erholung. Das machte diese Landwirte zu einem Teil der Berufsgruppe mit den höchsten Lebenserwartungen. Schauen wir im Gegensatz dazu auf die Tätigkeiten in der heutigen Arbeitswelt, so stellen wir fest, dass der Großteil der Beschäftigungen im Sitzen an einem festen Arbeitsplatz verrichtet werden. Sogar auf den Feldern, wo einst das Korn mit der Hand geerntet wurde, fahren nun landwirtschaftliche Maschinen die Ernte ein. Dieser Wandel blieb nicht ohne Folgen, denn durch die körperliche Passivität beim Arbeiten treten zunehmend mehr gesundheitlich Beschwerden in Form von Bewegungseinschränkungen und Verspannungen auf, die zu Schmerzen und Unwohlsein führen. Die Antwort der Pharmaindustrie: eine schnelle Problemlösung durch das Bekämpfen der Symptome. Der eigentlichen Ursache der Schmerzen, die dabei häufig in gestörten Faszien liegt, wird in den meisten Fällen keine Aufmerksamkeit geschenkt. Langfristig ein fataler Fehler. Denn was die damaligen Landwirte letztendlich von uns unterscheidet ist, dass sie bereits durch die alltäglichen Bewegungen ihre Faszien intakt gehalten haben, wodurch für eine sehr gute körperliche Leistungsfähigkeit, aber allen voran für eine gesunde Bewegungsökonomie gesorgt wurde.

Diese Seminararbeit gibt eine Übersicht über die neusten Erkenntnisse zur Beschaffenheit und Funktion der Faszien und verbindet diese mit dem Mehrwert für die Sport- und Schmerztherapie. Dabei werden überblicksweise verschiedene Behandlungsmethoden, sowie Trainingselemente aus der Sporttherapie vorgestellt, die die Funktionsfähigkeit des Fasziengewebes wiederherstellen, erhalten oder optimieren können.

2. Faszienforschung von der Vergangenheit bis in die Gegenwart

In der Geschichte der Sportwissenschaften tauchte der Begriff der „Faszie" erstmals durch Andrew Taylor Still, dem Begründer der Osteopathie, auf. So äußerte er sich bereits im Jahre 1899 überaus begeistert zu dem praktikablen Wert der Faszien:

> „Die Seele des Menschen mit all ihren Strömen puren Lebenssaftes scheint in den Faszien des Körpers zu fließen. [...] Ich kenne keinen Teil des Körpers, der es den

Faszien als Forschungsfeld gleichtun kann. Ich glaube, dass sich beim Studium der Faszien mehr reichhaltige und goldene Einsichten auftun werden, als bei irgendeinem anderen Aspekt des Körpers" – A.T. Still (1899)[1]

Wie aus diesem Zitat eindeutig hervorgeht schrieb er schon in jener Zeit dem Bindegewebe einen zentralen Stellenwert für die körpereigenen Prozesse zu. Aus diesem Grund richtete er auch bei der Erforschung nach dem Ursprung von Krankheiten seinen Blick auf die Faszien.[2] Allerdings war er seiner Zeit weit voraus und so blieb er bis Mitte des 20. Jahrhunderts einer der wenigen Personen, denen die Faszien ein Begriff waren. Nichtsdestotrotz wurden erste Studien zu diesem Thema veröffentlicht, an denen sich die Biochemikerin Ida Pauline Rolf während ihren Forschungsarbeiten zunächst an der Columbia-Universität in der Stadt New York, später am Rockefeller-Institut orientierte. Ende der 1960er-Jahre eröffnete sie ihr eigenes Ausbildungsinstitut. Hier lehrte sie ihren Schülern die Faszie als Grundlage und Organ der körpereigenen Struktur zu betrachten, sowie die gezielte Behandlung des Fasziennetz durch manuelle Körperarbeit. Diese Methode bezeichnet man bis heute als „Rolfing". Über mehrere Sitzungen hinweg wurde die sogenannte „strukturelle Integration" eingesetzt. Diese beruht auf der Grundannahme, dass der Mensch durch die Faszienbehandlung mit der Hand freier Atmen, sich mit mehr Leichtigkeit bewegen und ohne künstliche Anspannung gestreckt gehen kann.[3] Dennoch wurde auch durch Ida Rolf dem Fasziengewebe noch nicht wirklich die erwartete Aufmerksamkeit geschenkt. Die führenden Anatomen, Mediziner und Physiologen richteten in den Folgenden Jahrzehnten ihren Blick auf die Gesetzmäßigkeiten des Kraft- und Ausdauertrainings, sowie die verschiedenen Dehntechniken.

Dies änderte sich Anfang der 90er Jahre. An den Faszien wurde zunehmend mehr Interesse bekundet und so wurde im Jahre 1991 die „European Rolfing Association" (ERA) gegründet. Dieser Verein fördert wissenschaftliche Arbeiten zu Wirkungen und Wirkungsmechanismen von Rolfing in diversen Bereich, wie beispielsweise der Gesundheitsförderung.[4] Forschungsdirektor ist bis heute der deutsche Humanbiologe und Faszienforscher Dr. Robert Schleip, der wie sich im weiteren Verlauf zeigen wird, federführend zum Durchbruch der Faszienforschung verhalf. Kurz vor der Jahrtausendwende wies auch der osteopathische Anatom Frank Willard bei der Konferenz der Cranial Academy in Indiana darauf hin, dass man die Faszien als eigenständiges System betrachten muss und nicht als Hüllmaterial für wichtige Gewebe.[5] 2007 kam der Durchbruch für die wirkungsvolle Forschung um die Faszien.

---

[1] Vgl. Schleip in Deutsche Zeitschrift für Osteopathie S.10
[2] Vgl. Speece, S.23
[3] Vgl. Schwind, S.18f
[4] Vgl. Forschung – European Rolfing Association (AI)
[5] Vgl. Speece, S.23

Genauer gesagt auf dem ersten Weltkongress zur Faszienforschung an der Harvad Medical School in Boston. Bei dem von Robert Schleip und anderen Forschern organisierten Kongress kamen erstmals Biologen, Wissenschaftler und Therapeuten zusammen um sich über neue Erkenntnisse rund um das Bindegewebe auszutauschen.[6] Insbesondere die Rede von dem Biomechanik-Experten Dr. Serge Gracovetsky schied das Publikum. Er sagte sinngemäß übersetzt, dass der menschliche Körper beim Anheben einer Last schlichtweg explodieren würde, falls man sich nur an den Muskeln orientiert ohne die Faszien zu berücksichtigen.[7] Bis heute finden regelmäßig – so auch 2018 in Berlin – Kongresse statt, die das Ziel einer interdisziplinären Zusammenarbeit verfolgen, wie beispielsweise zwischen Schulmedizinern und Forschern auf dem Gebiet der Faszien. Durch den Zugriff auf moderne Gerätschaften ist man im Gegensatz zu den Vorreitern des 19. und 20. Jahrhunderts nun auch im Stande belegbare und nicht nur subjektive Aussagen über Faszien zu treffen. Und so herrscht in zwischen auch Konsens darin, dass man den Faszien eine entscheidende Rolle in unserem Bewegungsapparat zuschreiben kann. Darüber hinaus wurden in den vergangenen Jahren zahlreiche Studien veröffentlicht die unter anderem belegen, dass gestörte Faszien oft die Ursache für Volkskrankheiten, wie Rückenschmerzen sind. Durch zunehmend mehr Publikationen und dem Einsatz der Faszienrolle im Profisport, egal ob in der NBA oder Bundesliga, ist die Faszienbehandlung seit ein paar Jahren auch aus dem Breitensport und dem Fitnessbereich nicht mehr wegzudenken.

3.   Anatomisch-physiologische Grundlagen

3.1   Begriffsklärung und Definitionsannährung

Der Begriff Faszie kommt aus dem Lateinischen (lat. „fascia") und bedeutet so viel wie „Band" oder „Bündel".[8] Es handelt sich hierbei um ein umhüllendes und verbindendes Spannungsnetzwerk das den gesamten Körper durchzieht. Trotz unterschiedlicher Auffassungen, welche Strukturen neben den Muskelhüllen zu den Faszien gehören, ist man sich darüber einig, dass es sich um bindegewebsartige Strukturen handelt, die aus der extrazellulären bzw. interzellulären Matrix zusammengesetzt sind.[9] In einer älteren Definition nach de Marées kann man lediglich das muskelumhüllende Gewebe, als das myofasziale System, den Faszien zuordnen.[10] Inzwischen herrscht allerdings Konsens darin, dass Faszien neben der Muskulatur auch alle anderen Strukturen des menschlichen Körpers, wie Knochen

---

[6] Vgl. 2007 Congress Overview (AI)
[7] Vgl. Schwind 2014, S.24
[8] Vgl. Tempelhof (1), S. 8
[9] Vgl. Mohr, S.1
[10]Vgl. de Marées, S.30ff

oder Organe umgeben. Im Zuge des weltweit ersten Faszienkongress 2007 wurde von den Initiatoren auch der Faszienbegriff neu definiert. Seither hat man sich darauf geeinigt die Begriffe „Faszien" und „Bindegewebe" gleichbedeutend zu gebrauchen. Und so werden auch in dieser Arbeit die beiden Begriffe weitgehend synonym verwendet, während in der Medizin auch Blut, Knochen und andere Gewebe zu dem Bindegewebe gehören.[11]

3.2 Aufbau der Faszien

Die Faszien bestehen im Wesentlichen aus vier Komponenten. Dem Kollagen, dem Elastin, der wässrigen Grundsubstanz und den Fibroblasten.

Kollagen ist ein Strukturprotein und bildet die festen Fasern des Bindegewebes. Deshalb ist es für die Faszie auch maßgeblich formgebend. Sogar Teile der menschlichen Knochen finden bei der desmalen Osteogenese (Ossifikation) ihren Ursprung in diesem faszinierenden Skleroprotein. Es gibt 28 verschiedene Kollagentypen, davon sind allerdings nur vier häufig vertreten. Bei den mechanischen Eigenschaften ist besonders die hohe Zugfestigkeit von Bedeutung. So ist Kollagen dehnbar und dennoch, um einen anschaulichen Vergleich zu liefern, reißfester als Stahl. Als zweites Strukturprotein findet sich *Elastin* im Fasziengewebe. Die wichtigste Eigenschaft, welche dieses Eiweiß besitzt steckt hierbei schon im Namen: die Elastizität. Elastin ist dehnbar wie Gummi und kann dabei nahezu die doppelte Länge annehmen. Durch den sogenannten „Memoryeffekt" nimmt es nach jeder Verformung wieder seine ursprüngliche Form an. Speziell für formverändernde Körperteile, wie unserer Haut oder der Blase ist dieses Charakteristikum äußerst wichtig. Produziert werden diese beiden Strukturproteine in den Bindegewebszellen. Das sind *Fibroblasten*, die im ganzen Fasziengewebe verteilt vorkommen. Die Faserproduktion ist dabei nicht zufällig, sondern exakt abgestimmt auf den Nutzen an den Körperstellen sowie die individuelle körperliche Aktivität. Deshalb werden bei Personen die Muskeln aufbauen auch mehr Fasern produziert, die den Muskeln Unterstützung leisten. So wird durch Dehnung eher die Produktion von Kollagenfasern angeregt, durch dynamische Bewegungen eher die Produktion von Elastinfasern.[12] Diese Eigenschaft bezeichnet man als belastungsreaktiv. Des Weiteren besitzen sie die Möglichkeit untereinander mit anderen Fibroblasten durch das Ausscheiden von Enzymen und Botenstoffen zu kommunizieren. Zu finden sind die Bindegewebszellen in der *wässrigen Grundsubstanz*, die die gesamte Faszie umgibt und so die verschiedenen Zellen und Fasern miteinander verbindet. Sie besteht neben den Bindegewebszellen zu etwa

---

[11] Vgl. Schleip, S. 19
[12] Vgl. Oellerich, S. 20

zweidritteln aus Wasser sowie Eiweiß- und Zuckermolekülen, die das Wasser binden. Diese Zusammensetzung vereinigt Merkmale von Flüssigkeiten und Festkörpern. Wasser ist dabei für ein gesundes Gleiten der Faszie nötig, desgleichen für eine angemessene Durchfeuchtung der Faszie. Auch fungiert es als Transportmedium der Wahl für die Versorgung und den Abtransport von Stoffwechselprodukten und Immunzellen.[13] Für den Wassergehalt der Faszie ist mitunter das Verbindungsprotein Hyaluron (auch bekannt als Hyaluronsäure) verantwortlich, denn sie besitzt die Fähigkeit im Verhältnis zu ihrer Masse 6000-mal mehr Wasser zubinden.[14] Und genau aus diesem Grund ist sie auch unter den Kosmetikern ein weit verbreitetes Mittel zum Einsatz gegen Falten. Zusammengefasst bezeichnet man den gesamten Komplex, bestehend aus der Grundsubstanz und den Fasertypen Kollagen und Elastin, als *extrazelluläre Matrix*.

3.3 Unterteilung der Faszien

In unserem Körper findet sich eine Vielzahl von verschiedenen Bautypen des Bindegewebes. Denn abhängig von der Funktion an der jeweiligen Körperstelle ist die Matrix aus den eben beschriebenen Bestandteilen in unterschiedlichen Anteilen zusammengesetzt. Im Folgendem wird auf die einzelnen Faszientypen näher eingegangen.

Den größten Anteil des Bindegewebes macht das *lockere, faserige Bindegewebe* aus. In ihm ist viel wässrige Grundsubstanz enthalten. Da dieses Netz im Vergleich zu den anderen Faszientypen sehr weitmaschig ist, eignet es sich ideal zur Polsterung der unteren Hautschichten. Auch füllt es die Zwischenräume um die Organe im Bauch. In Kontrast dazu steht das *parallelfaserige Bindegewebe* mit einem hohen Kollagengehalt. Hierbei machen die parallel in eine Richtung ausgerichteten Fasern diesen Bindegewebstyp besonders strapazierbar gegen Zugkräfte. Aufgrund dieser Eigenschaft bildet dieser Typus Bänder, Sehnen, die dünnen Schichten um jeden Muskel sowie die festen, organumhüllenden Kapseln um sich von anderen Organen abgrenzen zu können. Anders als das *parallelfaserige Bindegewebe* besteht das *elastische Bindegewebe* naheliegender Weise zu einem hohen Anteil aus dem Strukturprotein Elastin und findet sich in häufig gedehnten Organen wieder. Einen weiteren Bautyp stellt das *retikuläre Bindegewebe* dar. Dieses besteht aus einer Kollagenart, die äußerst dünne Fasern bilden kann. Zu finden ist es in den Lymphknoten und der Milz aber auch in frischen Narben. Viele Fasern mit dichten Kollagenbündel, wenig wässriger Grundsubstanz und noch weniger Elastin bilden zusammen das unregelmäßige

---

[13] Vgl. Oellerich, S.21
[14] Vgl. Hass: Hyaluronsäure für Gelenk und Haut (AI)

Bindegewebe. Diese Zusammensetzung kann ihre Fasern in die entsprechende Zugrichtung ausrichten. Das macht sie besonders widerstandsfähig. Die Hirn- und Lederhaut besteht beispielsweise aus dieser Bindegewebsart. Die letzte und uns wohl am bekannteste Faszienart ist das *spezielle Bindegewebe*. Aus diesem besteht das Fettgewebe. Charakteristisch ist hierbei, dass es aus weniger Grundsubstanz und Kollagen besteht als den spezialisierten Fettzellen, den sogenannten Adipositen, die von Elastinfasern umgeben sind. Nicht nur Fett, sondern auch Wasser wird in diesen Zellen gespeichert. Das Fettgewebe hat dabei ganz existenzielle Funktionen. Es polstert nicht nur wie das lockere, faserige Bindegewebe Organe, sondert dient auch der Energiespeicherung und dem Kälteschutz. Desgleichen formt es Körperstellen, wie das Gesäß oder die weibliche Brust.[15]

3.4 Funktionen der Faszien im Körper

In der klassischen Vorstellung teilte man unseren Bewegungsapparat in einen aktiven und passiven Teil ein. Nach dieser Einteilung entstand beispielsweise eine Bewegung dadurch, dass in den Muskeln, als aktiven Teil, die nötige Energie für die konzentrische Kontraktion bereitgestellt wird und diese Kräfte letztlich bei der Muskelkontraktion auf den Knochen, als passiven Teil, übertragen werden, um so eine Bewegung des Körpers hervorzurufen. Dieses Bild entspricht allerdings nach aktuellem Kenntnisstand der Faszienforschung nicht der Wahrheit. Denn nachgewiesenermaßen dienen die Faszien in Form von Sehnen als Verbindungsglied zwischen Muskel und Knochen. Und so setzt auch die Sehne noch nicht am harten Knochen selbst an, sondern an einer weiteren entscheidenden Bindegewebsschicht der Knochenhaut. Diese Außenhaut wird von den Medizinern als „Periost" bezeichnet.[16] Auch die gelenksstabilisierenden Bänder, die das Gelenk in seiner vorgesehenen Bewegungsrichtung halten, stellen eine weitere Verbindung zwischen verschiedenen Knochen untereinander dar. Das so die vermittelte Muskelkraft durch die Faszien die Gelenke ganz anders erreicht, als man bis dato dachte, zeigte der Bewegungsforscher und Biomechaniker Peter Huijing.[17] Folglich übertragen Faszien Kräfte auf unser Skelett und besitzen damit eine entscheidende Funktion in unserem Bewegungsapparat.

Doch nicht nur als Kraftüberträger, sondern auch als Energiespeicher fungieren die Faszien. So ist ein nicht zu vernachlässigender Teil der für die Bewegung erforderlichen Energie in den Faszien gespeichert. Dieser Energiespeicher ist vergleichbar mit einer Sprungfeder, die die

---

[15] Vgl. Schleip, S.22ff
[16] Ebd., S.31
[17] Vgl. Findley, S.113ff

Energie bei Bedarf katapultartig freilassen kann. Wie sich in der Historie bereits zeigte, blieben die Faszien lange wenig beachtet und so ist es nicht verwunderlich, dass in der Trainingswissenschaft auch hier nur der Muskel als Energiespeicher berücksichtigt wurde und nach wie vor wird. Das macht sie allerdings für sportliche Leistungsfähigkeit nicht irrelevanter. Ganz im Gegenteil, die Fähigkeit Energie in den kollagenen Strukturen des Bindegewebes speichern zu können und sie für Federbewegungen und Sprünge nutzen zu können ist ökonomisch und energetisch ein sehr adäquater Vorgang. [18] So ist es auch nicht verwunderlich, dass bei gut trainierten Sportlern die energetisch ineffizientere Muskelarbeit bei federnden Bewegungen abnimmt und vermehrt die kollagene Kraft der Faszien genutzt wird. Mit dieser Erkenntnis scheint aber auch nicht mehr zwangsläufig der Muskelaufbau das entscheidende Kriterium bei der Leistungsdiagnostik zu sein. Mitberücksichtigt werden sollte künftig auch der Kollagenanteil im Fasziengewebe beziehungsweise die Masse des Fasziengewebes an und für sich.

Doch auch hier enden die Funktionen der Faszien noch nicht. Wie bereits im Kapitel zum Aufbau der Faszien angesprochen wurde, bestehen die Faszien mit unter aus dem Strukturprotein Kollagen, das formgebend ist. Die nebenstehende Fotoaufnahme zeigt den

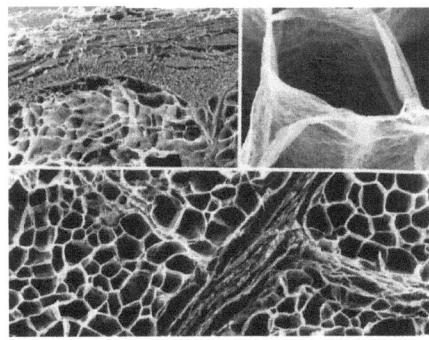

Querschnitt durch das Muskelinnere in drei unterschiedlichen Zoomeinstellungen, reduziert auf die faszialen Strukturen. Um dieses Resultat zu erhalten wurde das Muskelgewebe in Natronlauge aufgelöst. Auffällig dabei ist, dass man durch das entfernen des Muskelgewebes immer noch den Muskel durch die Faszienstruktur bis ins Detail rekonstruieren könnte. Somit liegt im Formen durch das Umhüllen und Stützen der Muskulatur eine weitere

Abb. 1: Wabenartige Hüllen (5chleip, 5.30)

Funktion. Dadurch wird auch ermöglicht, dass die Muskeln schmerzfrei gegeneinander gleiten können. Deutlich wird dies an den gegengleichen Bewegungen von Bizeps und Trizeps beim Anheben einer Last. Hierbei wird der Bizeps verkürzt indem er spannt, gleichzeitig ist es aber notwendig, dass sich der Trizeps lockert, um in die Länge gezogen werden zu können. Die schmerzfreie Ausführung wäre allerdings nicht möglich, wenn Agonist und Antagonist nicht durch die Faszienhüllen als Gleitschichten voneinander getrennt wären. [19] Weit gegriffen haben wir es den Faszien im Bewegungsapparat zu verdanken, dass wir uns überhaupt bewegen

---

[18] Vgl. Slomak, S.168f
[19] Vgl. Görgener, 5.15

können. Denn nicht nur der gesamte Muskel an sich ist von einer umhüllenden Faszienschicht (Epimysium genannt) umgeben, sondern auch die einzelnen Faserbündel, ferner jede einzelne Muskelfaser.

Bisher war klar, dass die Haut als Tastorgan Nervenenden zur Wahrnehmung von Lage, Haltung und Bewegung enthält. Doch auch die Faszien, die den Muskel umgeben besitzen solche Sinnesrezeptoren. Und davon nicht gerade wenig. Sogar entscheidend mehr als die sinnesmeldenden Sensoren der Muskeln und Gelenke. Dadurch haben die Faszien eine weitere Funktion als Informationsträger, der zum einen Informationen des Gehirns an die Muskeln weitergibt und zum anderen Informationen der Muskulatur über Dehnung, Kontraktion und Lage an das Gehirn sendet. Diese Informationen können in den Faszien durch sogenannte Mechanorezeptoren verarbeitet werden. Dabei sind vier verschiedene Sensoren voneinander zu unterscheiden die jeweils auf bestimmte Reize, wie Berührung, Druckwechsel oder Veränderung der Lage reagieren. Im Einzelnen sind das Pacini-Körperchen, Kolgi-Apparat, interstitielle Rezeptoren und Ruffini-Körperchen. Am häufigsten kommen die interstitiellen Rezeptoren vor, die über die Verbindung zum vegetativen Nervensystem Temperatur und Schmerz signalisieren können.[20] Sie alle sind wichtige Bestandteile der propriozeptiven Wahrnehmung. Unter Propriozeption, beziehungsweise Tiefensensibilität, versteht man die Eigenwahrnehmung. Sie ist die Grundlage zur Wahrnehmung der Position und Lage im Raum, sowie der Stellung von Körperteilen und Gelenken zueinander. Dadurch werden die Faszien im Prinzip zu einem Teil des bewegungssteuernden Nervensystems und entscheiden somit maßgeblich über die Effizienz von Bewegungsmustern.[21]

4. Das Tensegrity-Modell

Wie bereits im letzten Kapitel erwähnt lässt sich der Körper heutzutage nicht mehr in einen aktiven und einen passiven Teil unterteilen. Dieses Bild vom Körper hat man in der Forschung schon längst verworfen und bedient sich mittlerweile immer häufiger einem Modell aus der Architektur, dem so genannten „Tensegrity-Modell". Dieser Begriff lässt sich auf den amerikanischen Architekten und Konstrukteur Richard Buckminster Fuller (1895-1983) zurückführen, welcher ihn als Beschreibung für diverse architektonische Konstrukte verwendete. Das Wort selbst setzt sich aus den englischen Wörtern tension (=Spannung) und Integrity (=Intaktheit) zusammen und beschreibt ein so genanntes „Tragwerksystem".[22] Dieses System findet man überall, da jede Gebäude Kuppel, jedes Zelt oder jeder Kran nach diesem

---

[20] Vgl. Schleip, S.32ff
[21] Vgl. Slomak, S.49ff
[22] Tempelhof (2), S.9

System aufgebaut ist. Eine Struktur lässt sich mit dem Tensegrity-Modell beschreiben, wenn sich verschiedene Strukturen durch Druck und Spannung stabilisieren. Jedes Zelt besteht zum Beispiel aus stabilen und beweglichen Elementen welche in der richtigen Zusammensetzung ein solides Gerüst für ein funktionierendes Zelt darstellen. Überträgt man dieses Modell auf den Körper, kommt man zu folgendem Ergebnis: der Körper ist ein Netzwerk aus gespannten Elementen wie etwa Sehnen und nicht zusammenhängenden Stützelementen wir etwa Knochen. Je besser dieses Spannungsnetzwerk ausgeglichen, ist desto stabiler ist der gesamte Körper. Doch wie genau funktioniert dieses Modell in der Praxis? Die beweglichen

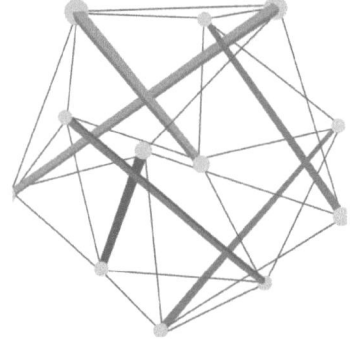

Elemente stehen unter Spannung und verbinden die stabilen Elemente miteinander. So verbinden zum Beispiel Sehnen und Knorpel verschiedene Knochen. Wichtig ist hierbei, dass sich stabile Elemente nirgendwo berühren. Dieses Gerüst funktioniert jedoch erst, wenn die beweglichen Teile unter Spannung stehen und so für Stabilität im gesamten Körper sorgen. Diese Spannung ist im Menschen zu jeder Zeit vorhanden, da man in jeder Position Muskeln, Sehnen oder Bänder, die alle über lange Faszienketten miteinander verbunden sind anspannt. Folglich arbeiten Muskel

Abb. 2: Tensegrity-Modell (Schleip, S.62)

nie alleine, sondern immer verbunden im körperweiten faszialen Netz. Wir bewegen einen Muskel an einer Stelle und über die Faszienketten kommt es zu einer Reaktion an einer anderen Körperstelle. Diese Ansicht geht über die klassische Anatomie hinaus. Denn diese besagt, dass einzelne lokalisierbare Muskeln angesteuert werden. Das neue Bilde vom Körper ist hingegen über größere Faszieneinheiten, die zusammen mit Muskeln und Knochen ein Spannungsnetzwerk bilden, identifizierbar.

Dieses Bild ist vor allem in der Behandlung von Verletzungen oder Verspannungen enorm wichtig, da zum Beispiel Schmerzen im Nacken das Resultat einer Verletzung oder falschen Bewegungen an einer ganz anderen Stelle im Körper sein, können welche das Spannungsverhältnis ändert und so Schmerzen an einem anderen Ende des Systems verursacht.

5. Faszienbehahandlung in der Sport- und Schmerztherapie

5.1 Ziele der Faszienbehandlung

Im Wesentlichen kann man sagen, dass die Behandlung von Faszien entweder zu einer Verbesserung der Faszienstruktur für eine höhere Leistungsfähigkeit führen soll, zu einem Erhalt oder aber zu einer Behebung von Störungen an den Faszien. Da die Faszien, wie sich bereits im dritten Kapitel gezeigt hat, ganz zentrale Funktionen in unserem Körper haben, machen sich Störungen innerhalb dieses faszialen Netzwerks deutlich bemerkbar. Sie führen meist zu Bewegungseinschränkungen, durch die es wiederum zu Kompensationsbewegungen kommen kann. In der Regel werden dadurch Schmerzen hervorgerufen, die sich auf eine schlechte Faszienstruktur zurückführen lassen. Konkret bedeutet das, dass es zu Verfilzungen und Verklebungen der Faszien kommt, wodurch das Gewebe an Elastizität verliert. Sind die Faszien verklebt, wird der Flüssigkeitsaustausch behindert. Zudem wird dadurch unweigerlich die Muskelarbeit beeinträchtigt, da ein reibungsfreies gegeneinander gleiten nicht mehr gewährleistet ist.[23] Darunter leidet nicht nur die Kraftübertragung, sondern auch die Koordination. Folglich kommt es zu falschen Bewegungsmustern, die es in der Behandlung um zu trainieren gilt. Die Ursache liegt dabei wie so oft bei einem Mangel an Bewegung. Verklebungen können aber auch aus einseitigen Belastungen resultieren, die unter den Mechanorezeptoren insbesondere die Pacini-Körperchen unreaktiv lassen. Deshalb haben auch so viele Breitensportler mit Beschwerden zu kämpfen, die sich auf eine ungesunde Faszienstruktur zurückführen lassen.

Ein weiteres Ziel neben dem Aufbau von richtigen Bewegungsmustern ist die Wiederherstellung einer guten Propriozeption. Diese Eigenwahrnehmung wird ebenfalls durch Faszien, die vermehrt Schmerzsignale senden, gestört. Gut zu beobachten sind propriozeptive Defizite während der Rehabilitationsphase nach Verletzungen. Nachdem beispielsweise in Folge eines Muskelfaserrisses das betroffene Bein nicht belastetet werden durfte und so folglich auch die Faszien nicht beansprucht wurde fehlt häufig schlichtweg der Sinn für Lagebeziehungen von Körpergliedern. Wird dem zu Behandelnden abverlangt einfach nur erst das eine Bein um 90 Grad anzuwinkeln und dann das andere, so wird es ihm mit dem Bein das über Monate nicht wirklich belastet wurde deutlich schwerer fallen, als mit dem Bein, das in dieser Zeit umso mehr beansprucht wurde.

Apropos Verletzungen. Natürlich profitieren auch Leute ohne Beschwerden von der Faszienbehandlung in Form des Faszientrainings, da durch das Aufrechterhalten eines gesunden Bindegewebes das Verletzungsrisiko minimiert wird. Darüber hinaus sorgt das

---

[23] Vgl. Schleip, S.70f

Faszientraining für eine bessere Leistungsfähigkeit, indem für optimale Energiespeicherkapazität, elastische Dehnfähigkeit, Spannkraft und eine schnellere Regeneration der Muskel-Faszien-Einheit nach Belastung gesorgt wird.[24]

5.2 Behandlungsmethoden in der Schmerztherapie

Wie sich gezeigt hat, führen gestörte Faszien, die vielerlei Ursachen haben können zu einer Reizung der Schmerzrezeptoren. Diese Reizungen gilt es in der Schmerztherapie zu beseitigen. Im Folgenden werden drei gängige Behandlungsmethoden vorgestellt. Die wohl älteste Heilmethode der Welt stellt die *klassische Massage* dar. Schon in der römischen Antike gab es Sklaven, die explizit darauf ausgebildet wurden, Olympioniken und Gladiatoren zu massieren, um sie leistungsfähiger zu machen. Und auch zur Schmerzlinderung ist diese Behandlungsform ein beliebtes Mittel. Allerdings war man bis vor etwa zehn Jahren noch der Annahme, dass der Erfolg nach einer Massage auf die verbesserte Durchblutung und eine aufgelockerte Muskulatur zurückzuführen ist.[25] Das die Faszien auch bei der Massage eine entscheidende Rolle spielen, hatte man bei der Argumentation nicht angeführt. Denn durch die Massage werden unter den Mechanorezeptoren die Ruffini-Körperchen angeregt. Das führt zu einem Flüssigkeitsaustausch im Gewebe, was einem Abtransport der Entzündungs- und Stressstoffe zur Folge hat. Gleichzeitig gelangen neue Nährstoffe zusammen mit frischer Flüssigkeit ins Gewebe. Dieser Vorgang wirkt somit äußerst entzündungshemmend.

Eine weitere Behandlungsmethode, die der klassischen Massage auf den ersten Blick recht ähnlich erscheint, wurde bereits im zweiten Kapitel vorgestellt. Die Rede ist von der manuellen Therapieform *Rolfing*, auch „Strukturelle Integration" genannt. Ziel ist es innerhalb von zehn Sitzungen mittels spezieller Rolfing-Griffe, die tief in das Gewebe gehen so auf das Fasziennetz einzuwirken, dass sich der Körper in einer idealen senkrechten Linie gegenüber der Schwerkraft ausrichtet.[26] Obwohl die Behandlungsmethode von Ida Rolf bis heute noch nicht von den Krankenkassen anerkannt wird, verzeichnet sie große Erfolge bei der Lösung von Verspannungen, sowie bei den häufig auftretenden Rücken-, Schulter- und Nackenschmerzen.

Die letzte Behandlungsmethode, die in der Schmerztherapie auf die Faszien einwirkt ist die *Akupunktur*. Ihre Wurzeln hat sie etwa um 90 v. Chr..[27] Seither glaubt man in der traditionellen

---

[24] Vgl. Schleip, S. 77
[25] Vgl. ebd., S. 191
[26] Vgl. Was ist Rolfing SI (AI)
[27] Vgl. Stux, S.1f

chinesischen Medizin an sogenannte Meridiane. Das sind Leitbahnen in unserem Körper, durch die angeblich „Lebensenergie" fließt. Schmerzen, Verspannungen und sonstige Leiden entstehen nach dieser Sichtweise durch Blockaden der Meridiane. Um diese Blockaden zu lösen, werden Nadelstiche in diese Meridiane der Patienten gesetzt. Obwohl diese energetisch geladenen Meridiane sehr umstritten sind, scheint die Akupunktur trotzdem zu wirken.[28] Doch was haben Faszien und die Nadelstiche nun gemeinsam? Wie die Harvard-Professorin Helene Langevin nachgewiesen hat, liegen die Akupunkturpunkte auf Kreuzpunkten der Faszien.[29] Und wie wir wissen, senden die vielen Sinnesrezeptoren in den Faszien Signale an das Gehirn. Wenn diese nun durch die Nadelstiche stimuliert werden, kommen am Gehirn Signale an, die heilende Wirkungen haben können. Diese Erkenntnis stellt die westlichen Forscher zufrieden. Und mittlerweile haben auch die chinesischen Mediziner akzeptiert, dass die Akupunktur unter der Beteiligung von Faszien wirkt.

5.2   Trainingselemente in der Sporttherapie

Auch in der Sporttherapie hat sich die Faszienbehandlung als festen Bestandteil bewährt und wird neben dem Leistungssport auch in dem Breiten- und Gesundheitssport eingesetzt. Hierbei liegen der Faszienbehandlung, beziehungsweise in der Sporttherapie auch als Faszientraining bezeichnet, vier Prinzipien zu Grunde, die nachfolgend überblickweiße erläutert werden. Zur Anschaulichkeit wird hier exemplarisch zu jedem Prinzip eine charakteristische Übung vorgestellt. Das Faszientraining kann dabei ganz gezielt zum Einsatz kommen um das wichtigste Gut des Menschen, seinen eigenen Körper jung, beweglich und gesund zu halten, oder aber als Teil einer Trainingseinheit. Allerdings sollte sich bewusstgemacht werden, dass das Faszientraining im Sport keine Trainingseinheit ersetzen kann und viel eher eine wichtige Ergänzung des eigentlichen Trainings ist.

Bei dem Aufwärmen ist vor allem das Dehnen langer Faszienketten sinnvoll. Dieses Prinzip wird als *Fascial Stretch* bezeichnet. Die Dehnung wird dabei nicht statisch ausgeführt, sondern in Form von wippenden und dreidimensionalen Bewegungen. Konkret heißt das, dass die Position durch Richtungswechsel zusätzlich dynamisch wird. Dadurch werden unmittelbar die Faszienstrukturen erreicht. Denn diese werden extrem gerne in alle Richtungen gezogen und gedehnt. Eine typische Übung ist der „Flamingo Stretch". Hierbei wird ein Bein gestreckt, auf eine Erhöhung, zum Beispiel auf einen Stuhl mit der Ferse gestellt und gleichzeitig mit ausgestreckten Armen der Oberkörper mit geraden Rücken in kleinen Wipp-Bewegungen

---

[28] Vgl. ebd., S.59ff
[29] Vgl. Hockenholz, S.358

vorgedehnt. Hinzu kommt eine seitliche Rotation in beide Richtungen.[30]

Ein zweites Prinzip stellt das Pendant zu Behandlungstechniken der Schmerztherapie, wie dem Rolfing dar: das *Fascial Release*. In der Eigenbehandlung übernehmen spezielle Schaumstoffrollen und Bälle verschiedener Größe, die Rolle des Therapeuten. Indem mit Hilfe der Rolle über die schmerzenden Stellen langsam in mehreren Wiederholungen punktueller oder flächiger Druck ausgeübt wird, sollen fasziale Verklebungen und andere Störungen gelöst werden. So kann beim Rollen über den Rücken die Lumbalfaszie, die häufig die Ursache für Rückenbeschwerden, ist massiert werden.[31] Analog dazu wird mit dem eigenen Körpergewicht an den betroffenen Stellen, auch „Triggerpunkte" genannt, auf den Ball Druck ausgeübt bis der Schmerz spürbar nachlässt. Wichtig ist dabei eine ruhige und nicht stockende Atmung, die dem zentralen Nervensystem Entspannung vermittelt und so auch zu einer Spannungslösung führt.

Einen Mechanismus, den sich in der Tierwelt besonders Kängurus und Gazellen zu Nutze machen, lässt sich über das Prinzip der *Rebound Elasticity* trainieren. Denn damit diese Tiere soweit springen können, reicht ihre reine Muskelkraft nicht aus. Sie bedienen sich der in den Faszien gespeicherten Energie, die bereits bei den Funktionen im dritten Kapitel vorgestellt wurde. Bei den eindrucksvollen Sprüngen wird diese Energie dann katapultartig freigelassen. Eine einfache und naheliegende Basisübung, die diesen Mechanismus trainiert sind elastische Sprünge. Wichtig dabei ist, dass die Sprünge möglichst lautlos und ohne Mühe, wie bei einem Gummiball durchgeführt werden.[32] Denn erst dann werden neben den Muskeln auch wirklich die Faszien bewusst trainiert.

Zuletzt gehören zu dem Faszientraining auch sinnliche Bewegungen, die in der Fachsprache als *Propriozeptives Refinement* bezeichnet werden. „Ziel der sinnlichen, in sich hineinspürenden Bewegungen ist es, die blinden Flecken im Körper (wie bei chronischem Rückenschmerz) und/oder schwer spürbare Bereiche (wie nach Operationen und Traumen) wieder in das eigene Körperbild zu integrieren".[33] Bei der Übung „Kobra Spine" wird der Oberkörper ausgehend von einer hüftbreiten Fußstellung nach vorne gebeugt und dabei der Unterbauch an die Lendenwirbelkette herangezogen. Dadurch entsteht eine Spannung die während der ganzen Übung gehalten wird. Die Hände sind auf den Oberschenkeln platziert. Nun kann eine Wellenbewegung entlang der Wirbelsäule aufgenommen werden, oder aber eine seitliche Pendelbewegung.

---

[30] Vgl. Schleip in Praxis Physiotherapie S.22
[31] Vgl. Andrä, S.122f
[32] Vgl. Schleip, S.166f
[33] Schleip in Praxis Physiotherapie S.23

Abschließend ist es wichtig anzumerken, dass die strukturelle Veränderung des Bindegewebes eher langsam erfolgt. So erneuern die Bindegewebszellen in einem Jahr circa die Hälfte der Faszienstrukturen im Körper.[34] Deshalb mag es sein, dass bereits nach kurzer Behandlung der Schmerz reguliert wird und dadurch die Bewegung uneingeschränkter ausgeführt werden kann. Allerdings ist dieser erste Effekt genauso schnell, wie er gewirkt hat, auch wieder weg. Will man also seine Faszien dauerhaft gesundhalten, so ist ein regelmäßiges Training von Nöten.

6. Fazit und Ausblick

Es ist deutlich geworden, dass dem faszialen System durch seine Eigenschaften und Funktionen eine sehr zentrale Bedeutung im menschlichen Organismus zukommt. Letztendlich haben wir es den Pionieren des 20. Jahrhunderts und den Initiatoren der äußerst bereichernden Faszienkongresse zu verdanken, dass in diesem Jahrzehnt endlich die Faszienforschung im Fokus der Sportwissenschaften steht. Nun gilt es in der Sporttherapie die komplexen Zusammenhänge genauer zu erforschen und dadurch ein gesundheitsförderndes Training herauszuarbeiten, das der Muskulatur und den faszialen Strukturen gleicher Maßen gerecht wird. Insbesondere für die Behandlungstechniken in der Schmerztherapie haben die neuen Erkenntnisse aus dem Feld der Faszienforschung weitreichende Konsequenzen. Denn auch hier werden nach wie vor Erklärungen für die Ursachen von Schmerzerscheinungen herangezogen, ohne dabei die Faszienstrukturen zu berücksichtigen. Deshalb müssen unter Umständen sogar ganze Therapieformen und Behandlungsmethoden neu überdacht werden. In Zukunft sollte daher die Frage geklärt werden, bei welchen Symptomen in der Sport- und Schmerztherapie welche Form der Faszienbehandlung sinnvoll ist und wie diese durchzuführen ist.

---

[34] Vgl. Schleip, S.21

7. Literaturverzeichnis

Monographien:

Andrä, Marcel, Bleuel, Sabine und Pfitzer, Torsten: Funktionelles Faszientraining mit der Blackroll. Riva Verlag, München, 2015.

De Marées, Horst: Sportphysiologie (9. Auflage). Sport und Buch Strauß Verlag, Köln, 2002.

Findley, Thomas (u.a.): Fascia - The Tensional Network of the Human Body, Elsevier Verlag, Amsterdam, 2012.

Hockenholz, Florian (Hrsg.): Physiotherapie bei Schmerzen. Georg Thieme Verlag, Leipzig, 2016.

Mohr, Winfried: Pathologie des Bandapparates (Bd. 19). Springer Verlag, Berlin, 2011.

Oellerich, Heike und Wessels Miriam: Faszien-Training – Jünger, schöner & beweglicher. BLV Verlag, München, 2015.

Speece, Conrad, Crow, William Thomas und Simmons, Steven: Osteopathische Körpertechniken nach W. G. Sutherland. Georg Thieme Verlag, Leipzig, 2003.

Stux, Gabriel, Stiller, Niklas und Bruce Pomeranz: Akupunktur – Lehrbuch und Atlas (3. Auflage). Springer Verlag, Berlin, 1989.

Schwind, Peter: Faszien – Gewebe des Lebens (3. Auflage). Irisiana Verlag, München, 2015.

Schleip, Robert: Faszien Fitness – Vital, elastisch, dynamisch in Alltag und Sport (6. Auflage). Riva Verlag, München, 2015.

Tempelhof, Siegbert, Weiss, Daniel und Cavelius, Anna: Faszientraining – Mehr Beweglichkeit, Gesundheit und Fitness. Gräfe und Unzer Verlag, München, 2015.

Tempelhof, Siegbert, Weiss, Daniel und Cavelius, Anna: Faszien-Training für Sport & Fitness. Gräfe und Unzer Verlag, München, 2015.

Thömmes, Frank: Faszientraining (5. Auflage). Copress Verlag, München, 2014.

Görgener, Christian: Schmerz-weg – Faszientraining - Mit Flossing-Special, Narayana Verlag, Kandern, 2016.

Artikel in Zeitschriften:

Schleip, Robert: Die Bedeutung der Faszien in der manuellen Therapie. In Deutsche Zeitschrift für Osteopathie 01/2004, S.10-16, Hippokrates Verlag, München.

Schleip, Robert und Divo Müller: Die vier Prinzipien des Faszientrainings. In Praxis Physiotherapie 03/2014, S.21-23, Ulm.

Allgemeine Internetquellen:

Hass, Sabrina (Aktualisiert am 30.05.2012): Hyaluronsäure für Gelenk und Haut. Aufrufbar unter: https://www.gesundheit.de/wellness/koerperpflege/hyaluronsaeure (zuletzt aufgerufen am 25.10.2017)

Unbekannter Autor: Forschung – European Rolfing Association (ERA). Aufrufbar unter: http://rolfing.org/de/ueber-rolfing-strukturelle-integration/forschung/ (zuletzt aufgerufen am 28.10.2017)

Unbekannter Autor: Was ist Rolfing SI. Aufrubar unter http://rolfing.org/de/ueber-rolfing-strukturelle-integration/ (zuletzt aufgerufen am 28.10.2017)

Unbekannter Autor: 2007 Congress Overview. Aufrubar unter: http://fasciacongress.org/2007-congress/ (zuletzt aufgerufen am 29.10.2017)

8. Abkürzungsverzeichnis

AI	Allgemeine Internetquellen
Bd.	Band
Ebd.	ebenda
f.	folgende
ff.	fortfolgende
Hrsg.	Herausgeber
http	Hypertext Transfer Protocol
S.	Seite
u.a.	und andere
Vgl.	vergleiche